GAVIN'S CLEMENTE-RUIZ

L'APPEL DU VOYAGE

BERNARD GRASSET
PARIS

Photo de la couverture : © Gettyimages

ISBN 978-2-246-83828-9

À Philippe Gloaguen

« On ne peut plus voyager. »

Je me fais volontiers provocateur. Pourtant, c'est vrai ! L'épisode du Covid-19 a mis le monde à l'arrêt. Heureusement, on a presque oublié le rayon d'action des cent kilomètres ou encore ces « laissez-passer » qui nous autorisaient à quitter notre foyer pour une durée déterminée. Une véritable horreur pour ceux qui avaient des fourmis dans les jambes ou qui sont toujours en quête d'escapades comme moi. Cloués au sol, les avions nous ont aussi rappelé à quel point cette liberté d'aller, de partir, de découvrir le monde pour quelques jours, ou semaines, était essentielle et primordiale dans nos vies. « Fuir, là-bas fuir », écrit Stéphane Mallarmé. Oui, mais comment ? Pas facile… Et pour aller où ? Et faut-il se ruiner pour se découvrir, pour son épanouissement, son équilibre ?

Nous sommes nomades, nous avons envie de bouger, d'aller « voir ailleurs si j'y suis », de se laisser surprendre. « S'en aller ! S'en aller ! Paroles de vivant ! », disait le poète Saint-John Perse. La poudre d'escampette, oui, mais à quel prix ! Voyager coûte plus cher désormais. Une phrase qu'on entend souvent, et à juste titre. L'INSEE, par exemple, selon *La Nouvelle République*, a constaté qu'entre mai 2022 et mai 2023, le prix des billets pour les trajets en train a grimpé de plus de 8 %. Pour l'avion : 21 % d'augmentation en moyenne d'après le ministère de la Transition écologique. Au péage, 4,75 %, quasi autant pour le prix des locations (4,90 %), et le pire : 15 % pour les hôtels (selon MKG Consulting). Le constat est flagrant. Voyager est devenu un luxe que bon nombre d'entre nous ne peuvent pas s'offrir. Heureusement, des solutions existent, l'entraide se développe, on limite le budget hébergement en dormant chez des amis, dans la famille, les sites d'échange d'habitations se multiplient, et des aides comme les chèques-vacances (4,76 millions de salariés et agents publics en bénéficient) favorisent l'accès aux congés moins chers au plus grand nombre.

Ajoutez à cela les propos d'économistes ou de chercheurs pour recommander de limiter nos voyages en avion à seulement quatre voyages par... vie. Une idée audacieuse, culottée même, mais comment rendre visite à sa mère à Papeete ou au Zimbabwe quatre fois dans sa vie quand on évolue à Paris ou Miami ? Est-ce possible ? Sans doute, mais au prix de quels sacrifices. On ne saurait trancher cette question trop essentielle. L'Homme est tiraillé entre son besoin, son envie et son souhait de sauvegarder ce monde qui l'attire tant. Un article du *Figaro* (16 novembre 2023) titrait même de façon provocatrice : « Les jeunes Français préfèrent voyager que sauver la planète ». L'échantillon du sondage portait sur 46 000 personnes entre 15 et 29 ans. Ces mêmes personnes se disaient pourtant préoccupées par la situation de l'environnement. Ubuesque. Pourtant, ce dilemme touche tout le monde, sans aucune restriction d'âge, de sexe ou de catégorie socio-professionnelles. Tous les humains ont la bougeotte, mais nous condamne-t-elle ? À la destruction de notre environnement, à l'« écoanxiété » ou au « flykgskam » (l'*avihonte* en mauvais français) ?

Paradoxalement, depuis le retour à la normale et la fin du confinement, les ventes de billets d'avion ont repris de plus belle. L'Organisation mondiale du tourisme a recensé 1,3 milliard d'arrivées internationales en 2023 (*Figaro Économie*, 20 janvier 2024). Le tourisme représente 3 % du PIB mondial ! Pas une semaine non plus sans que ces mêmes pages économiques parlent des taux de remplissage élevés des compagnies aériennes. Ces dernières augmentent leurs tarifs à des prix stratosphériques, sans doute pour rattraper le retard économique et combler les marges perdues. Les vacances restent un des postes des budgets dans les familles sur lesquels on ne rogne que très peu. Le droit aux vacances, à l'« ailleurs », aux congés payés, c'est, depuis 1936, un bien, un privilège qu'on n'abandonne pas comme ça. Les Français préfèrent se serrer la ceinture, supprimer quelques dépenses superflues, un resto, un ciné ici ou là, mais « pas touche aux vacances ! ». Pourquoi ? Le temps libre, cet *otium*, ce sas de décompression, de dépaysement, ce déplacement, plus ou moins lointain, s'est développé au XIXe siècle avec les jeunes bourgeois de bonne famille qui ont popularisé « le Grand Tour en Europe », donnant naissance au *tourism*. Le temps de vacances est sacré. N'est-on pas vivant qu'en mouvement ? Comment alors concilier l'envie de voyager, le budget et l'environnement ? Est-ce seulement possible ?

L'état de l'art et de la technique ne permettent pas (encore) de substituer totalement nos anciens moyens de locomotion polluants à de plus modernes, moins nocifs. Pourtant, de nombreuses annonces, chaque semaine, laissent entrevoir un peu d'espoir. On nous vante les carburants durables. On aurait aussi découvert de l'hydrogène blanc (entendre naturel, non transformé, donc non polluant) dans les sous-sols français, indispensables pour faire avancer les futurs avions à hydrogène. Alléluia ! On pourra se propulser mieux et bien. Mais pas avant demain, voire après-demain. Restons positifs. Enfin, essayons. Les avions moins polluants ne sont pas encore satisfaisants non plus du point de vue de leurs capacités de stockage (entre autres). Ces nouveaux usages énergétiques occuperaient davantage d'espace dans lesdits avions « responsables ». Pire (*bis*) : ils consommeraient et pollueraient plus… Pire (*ter*) : les distances accessibles avec ces avions

« écolo » ne seraient pas encore très lointaines – l'équivalent d'un Paris-Londres, soit une heure d'autonomie environ. Pas suffisant pour intéresser les compagnies aériennes qui souhaitent avant tout voir leur business fonctionner. Facilement compréhensible. On a l'étrange impression d'un retour en arrière pourtant bien nécessaire. Alors quoi ? Que fait-on ? On légifère ? On punit ? On laisse faire ? On s'asphyxie ? L'équation n'est pas facile à résoudre. Que faire ? Faut-il emprunter des moyens d'accès alternatifs ? Train, vélo, montgolfière, dos de chameau, à pied ? Peut-être... Certains sites Internet ont même montré qu'à distance égale, il était plus rapide de prendre le train plutôt que l'avion, entre Paris et Bruxelles par exemple. Sur cette distance, comptez deux heures et vingt-deux minutes en avion, contre une heure trente en train. Idem sur d'autres trajets en Europe. La Commission européenne et la France dans la foulée ont même interdit les vols en avion d'une durée inférieure à deux heures trente pour privilégier le train quand il existe une alternative sur des axes concurrentiels comme entre Paris et Lyon. L'ailleurs, oui, mais encadré. Mais en avons-nous le temps ? L'envie ? Les moyens aussi ? Pas sûr. Et pourtant, il semblerait qu'on tienne là un bout de la réponse.

Et si on oubliait un instant la question de l'argent, de l'environnement, de la technique pour se poser une autre question cruciale : est-ce si facile de plier les gaules ? De se tailler, de se barrer, de se faire la malle ? Il suffit d'allumer la radio ou la télé, et d'écouter les nouvelles du jour… Aller en Corée du Sud et craindre que Kim Jong-un fasse des siennes avec ses joujoux nucléaires ? Aller faire une marche en Algérie aux frontières avec la Libye, le Niger, le Mali ou la Mauritanie et risquer un enlèvement ? Aller se baigner vers Acapulco au Mexique au taux de criminalité si élevé ? L'Homme est mouvement, mais le mouvement empêche parfois l'Homme d'avancer. Les risques et dangers géopolitiques contraignent de nombreux déplacements sur Terre, ils réduisent même l'horizon des départs. Mais pas seulement ! Souvent, au moment d'évoquer mon travail au *Guide du Routard*, on me regarde les yeux pétillant d'envie. L'ailleurs est un rêve, une source de joie, d'émerveillement. Certes. Toutefois, il m'arrive d'entendre aussi «Je ne pourrais pas faire ce que vous faites». L'ailleurs fait peur, il faut bien l'admettre. L'inconnu effraie les plus réfractaires au départ. On se rassure comme on peut. On s'attache à certains repères, des habitudes, des chemins sans cesse foulés. Ce flou, ce lointain, ces montagnes à gravir, ces chemins à parcourir, ce sont des lignes de fuite que bon nombre d'hommes et de femmes s'interdisent, non par contrainte géopolitique ou économique, mais tout simplement parce qu'ils n'en ont aucune envie. Aucun jugement à avoir, aucune condamnation non plus. Une de mes amies chères, qui rêve souvent en me parlant de Cuba, d'Écosse ou de Maroc, me souffle un jour qu'elle a envie de voir la mer. Son anniversaire approche. Avec d'autres comparses, nous lui offrons une nuit d'hôtel dans une station balnéaire de la côte normande. On se réjouit d'avance de son séjour. Elle se réjouit aussi. Sauf qu'elle n'a jamais dormi dans cette chambre d'hôtel. Pourquoi? Nul ne le sait. Elle n'avait qu'à partir… Alors, pourquoi? Cela m'a fait réfléchir et j'y pense encore. Existe-t-il une éducation au voyage?

À ce sujet, souvent je pense à cet ouvrage d'Alain Corbin, *Le Territoire du vide. L'Occident et le désir du rivage, 1750-1840,* où l'auteur nous raconte la peur que la mer a procurée à de nombreux voyageurs, avant de voir les cabines de mer portées à cheval s'approcher des bords de l'eau et de pouvoir goûter aux délices des bains de mer. Mais avant d'atteindre ce bonheur, combien d'hommes et de femmes ont craint pour leur vie, pour leurs intérêts devant ces rouleaux qui ont longtemps inspiré le Diable en personne ? Le voyage nécessite un apprentissage. Certains, face à la peur, l'affrontent, partent la fleur au fusil, advienne que pourra. D'autres restent en retrait. Deux attitudes, deux façons de vivre. Pour les plus réservés, on peut aussi apprendre, comprendre, se familiariser avec les lointains, trouver des repères, s'en créer de nouveaux, et partir petit à petit à la découverte d'autres territoires. Les guides de voyages servent à cela, les amis servent à cela, la littérature de voyage, les émissions de télé, les vidéos sur les réseaux sociaux servent à cela également désormais. Si eux l'ont fait, pourquoi pas moi ? Une dame un jour à Marrakech me parle à la terrasse d'un café où je dégustais une pâtisserie dégoulinante de miel près de la place Jemaa el-Fna. Nous engageons la conversation, j'en ai plein les doigts, elle voit mon *Routard* sur la table. Je m'apprête à repartir vers une nouvelle adresse. Elle m'interpelle et me raconte sa vie, avec son mari. Ils fêtent ici leurs cinquante ans de mariage. Première fois qu'ils quittent la France, qu'ils prennent l'avion... elle me confie son émerveillement, que tout l'enchante, qu'elle regrette presque de ne pas en avoir profité avant. Pourquoi ne pas l'avoir fait ? Son visage se voile et d'une voix plus grave, elle m'avoue qu'elle parle uniquement le français. Je lui confie à mon tour que je ne parle pas beaucoup de langues, mais je lui demande surtout comment elle s'est décidée à sauter le pas cette fois-ci. « Parce que j'ai lu justement dans le *Routard* qu'on y parlait le français. » J'ai vu les yeux de cette femme s'illuminer à cet instant, le regret, bien sûr, de n'avoir pas couru le monde, mais surtout la joie, le plaisir, l'audace qu'elle ressentait à être là, aux côtés de son mari, pour leur anniversaire de mariage. Ils étaient beaux. Et j'ai compris alors le sens de cette expression chère à Nicolas Bouvier : « l'Usage du monde ». C'est en pratiquant, à sa façon, à son rythme, l'espace géographique qu'on apprend à découvrir un peu plus notre territoire. Il faut lutter contre l'ignorance par la connaissance du monde. C'est ainsi, par l'ailleurs, par la découverte, qu'on se découvre soi-même. Pour cela, il suffit pour partir d'un guide, de l'occitan *guida*, celui qui conduit, d'un livre, d'une émission de radio ou de télévision, d'un petit pas vers la mer ou la simple passerelle d'un aéroport… Mais que de peurs inconscientes puis d'efforts surhumains avant d'en arriver là !

L'ailleurs nous bouleverse. On rêve d'une destination, on « se fait des films », on espère secrètement croiser Hugh Grant et Julia Roberts dans une librairie de Notting Hill à Londres, ou bien avoir un orgasme cinématographique comme Meg Ryan à New York en allant croquer dans un sandwich au pastrami chez Katz's Delicatessen, ou encore se perdre dans le bleu des plages thaïlandaises de *The Beach* avec Leonardo DiCaprio. Et puis… rien. Une fois sur place, Julia, Meg, Leo et les autres ne sont plus là ! L'ailleurs nous donne de l'espoir pourtant, comme une béquille pour les jours de grisaille, tant météorologiques que psychologiques. Un soir, à Bali, Alex, un de mes contacts locaux, m'emmène sur les hauteurs d'Ubud, la capitale du centre de l'île. On file à moto au milieu des rizières et soudain deux tipis gigantesques sont dressés face à moi. Je trouve ce lieu pour le moins incongru. Rien à voir avec les demeures en bois souvent ouvertes au vent.

«Je te propose une expérience de méditation.»

J'avoue ne pas être très friand de ce genre d'aventures, mais pour Alex, j'accepte. Voilà justement la démarche à adopter. Ne fermer aucune porte. Quelques minutes plus tard, je me retrouve allongé au milieu d'une trentaine de personnes, dans le noir, le seul bruit des insectes et des oiseaux dans les rizières pour bande-son. Mais que fais-je donc là? Pourquoi suis-je ici et pas… ailleurs justement? C'est un choix. J'ai pris la décision de sortir de moi-même, d'être un autre. Je suis cet homme allongé sous un tipi à Bali. Et soudain, le gong retentit. De façon lancinante, régulière et surtout répétitive. Je décroche littéralement. Je ne suis plus là. Je pourrais être à Bali ou… chez moi. Je me laisse aller. N'est-ce pas là le propre d'un voyage? Aller, s'en aller, partir?

Abolir les frontières ? Le corps s'évade, la tête aussi et je suis bien. Très bien même. Je flotte. Mon esprit est apaisé, un peu groggy, tout cela au gré des gongs entendus. L'ailleurs mobilise notre intellect. Au bout d'une heure, je reviens à la surface et je suis encore mieux. Je remercie Alex pour cet instant. Je n'aurais jamais fait cette expérience sans son conseil, et je n'aurais pas compris cette sensation. L'ailleurs bouleverse intellectuellement. Mais aussi physiquement.

Il faut reconnaître que notre corps est mis à rude épreuve durant les voyages. Les moyens de transport nous impactent. Les jambes gonflent, les virages donnent des haut-le-cœur, les oreilles bourdonnent. Et puis il y a la peur, encore, toujours. Combien de personnes craignent de prendre l'avion ? Faites le test autour de vous, ou regardez dans l'habitacle celles et ceux qui s'agrippent aux accoudoirs. Puis viennent les différences de températures, le décalage horaire, parfois aussi les bestioles qui perturbent notre appréhension d'un lieu. Qu'ai-je comme souvenir du temple maya de

Tulum au Mexique ? Des petits moucherons qui se faisaient *hara kiri* sur moi autour du temple ! Idem à Iguazú, côté brésilien. Au bord des célèbres chutes d'eau, le jour de ma visite, des milliers de papillons grouillaient dans les vapeurs d'eau. D'où venaient-ils ? Des touristes s'enfuyaient, littéralement effrayés, quand d'autres se laissaient photographier le corps couvert des pieds à la tête de ces lépidoptères... Que dire des moustiques, qu'ils soient dangereux ou pas, et qui peuvent ruiner certains séjours ? Dans le cadre de randonnées, de longues échappées pédestres, de visites plus sportives, de sorties en mer, le corps est chahuté. Sans parler des coups de soleil ou des lèvres gercées et autres tracas médicaux. En voyage, on frissonne, on se gratte, on a peur, on sursaute, on retrouve des instincts primaires. On vit !

Ce jour de décembre, dans la capitale chinoise, le thermomètre affiche des températures très très négatives. Je résiste. J'ai prévu de visiter la Cité interdite. Enfin j'essaie. J'avance péniblement, avec la sensation d'avoir la tête dans un étau glaçant instantanément mes derniers neurones. Drôle de sensation jamais ressentie ni avant ni après ! J'apprécie difficilement les lieux pourtant si emblématiques, si magiques, dont j'ai rêvé, totalement concentré sur ma respiration et mon souhait de me réfugier au plus vite et d'en finir avec cette désagréable sensation. Cette Cité me semble vraiment interdite jusqu'à ce que je découvre, à l'intérieur d'un des murs épais, la présence incongrue d'un café Starbucks. Je n'ai jamais autant apprécié cette marque américaine en terre chinoise et l'hospitalité des serveurs, m'autorisant à monopoliser le petit chauffage commun pour retrouver peu à peu l'usage de mes doigts bleutés, tout cela muni bien sûr du fameux gobelet orné de mon nom orthographié en chinois. Pour l'image du Marco Polo des temps modernes, on repassera ! Mais le temps de me réchauffer, de retrouver l'usage complet de mon corps, j'ai compris. Voyager nous transforme au propre et au figuré. Notre corps est partie prenante de ce mouvement. Que ce soit à Bali ou à Paris, au Mexique, au Brésil, à Pékin, bouger, voyager, se mouvoir n'est pas anodin. Au contraire ! Nous vivons, nous ressentons, nous vivons l'ailleurs dans notre chair, au point d'y perdre tous nos repères. Et soi-même un peu.

À tel point que ces dernières années, de nombreux phénomènes ont émergé. Ils font régulièrement la une des journaux. À trop attendre de l'ailleurs, on en vient à déchanter. Comme le syndrome de Stendhal (appelé aussi le syndrome de Florence) par exemple, lié à un choc esthétique, le syndrome de Jérusalem aussi, qui concerne, lui, les chocs religieux, quand le syndrome de Paris fait référence au fossé éprouvé par les voyageurs entre l'espoir suscité par la découverte d'un lieu ou une destination, et la déception ressentie une fois sur place. De nombreux touristes japonais, mais aussi américains ou australiens sont régulièrement admis aux urgences en France pour des palpitations, des hallucinations et des sensations proches d'un AVC. Eh oui ! Paris, ce n'est pas qu'*Emily in Paris* ! On ne se promène pas tous avec une baguette de pain sous le bras et un béret sur la tête... Soudain, ces voyages nous montrent les coulisses du monde. On met Netflix ou Amazon Prime sur « pause » et on se confronte enfin au réel. L'ailleurs provoque une réaction physique, charnelle, bien palpable. Ces touristes expliquent ces sensations par l'angoisse, le délire et la désillusion ressentis devant l'image faussée du pays vécue in situ, totalement différente des clichés sur papier glacé. L'impolitesse de certains commerçants parisiens, la saleté des rues, les réactions urbaines comme les vols à la tire dans certains quartiers ou dans les transports en commun effraient. Le voyage, c'est aussi ça. Des odeurs qui peuvent être nauséabondes. Qui ne ressemblent à rien de connu. On enrichit nos bases de données personnelles. Je n'aime rien tant que retrouver la chaleur humide aigre douce de l'Asie du Sud-Est. J'aime aller manger dans les restaurants du XIIIe arrondissement de Paris pour retrouver cette odeur de glutamate utilisée dans les marmites des cantines de rue de Bangkok. Le voyage met tous nos sens en vrac, sens dessus dessous. C'est un choc ! Une expérience unique, profonde et personnelle, d'autant qu'il n'y a pas deux voyages identiques. Tant mieux. Autant s'y préparer. Ou pas. « Partir, c'est mourir un peu », écrivait justement le poète Edmond Haraucourt.

L'ailleurs se régénère-t-il ? Est-ce facile de trouver des terres vierges et inexplorées par l'homme encore aujourd'hui ? Pas si sûr. Avec les réseaux sociaux, on a l'impression de « voir » nos proches se rendre tous les uns les autres sur les mêmes lieux que… nous. Les tendances de la mode touchent aussi celles du voyage. Il y a eu les séjours au Maroc, à Lisbonne, à Bali, la Croatie, l'Albanie aussi plus récemment, la Slovénie, et toujours la Grèce, l'Italie, l'Espagne, des classiques indémodables… L'horizon semble se réduire comme peau de chagrin alors même qu'il semble tellement facile de prendre la clé des champs, partout, tout le temps. Mais pourquoi partir ? Faut-il seulement partir ? On rêve tous de paradis de sable blanc bordés de mer azur, de montagnes verdoyantes ou couvertes de neige, de campagnes grassement vertes. À quoi correspond l'exotisme aujourd'hui ?

La première mention de l'exotisme est tirée du *Quart Livre* de Rabelais. L'exotisme, ce sont les fruits venus d'ailleurs, déchargés des bateaux, comme autant d'ouvertures sur l'ailleurs. Nous avons pourtant aujourd'hui tous les mêmes rêves d'ailleurs, et maintenant nos exotismes manquent de saveur. La seule solution à cette régénération : rêver à d'autres horizons avec de nouveaux explorateurs comme Thomas Pesquet, par exemple. Son périple spatial a montré un vrai engouement pour ses sorties hors de la station orbitale ou ses solos de saxo sur fond de planète Terre. Grâce à lui et ses confrères, l'horizon des possibles s'est élargi et s'avère vaste et insoupçonné. On songe alors au développement du tourisme orbital avec SpaceX d'Elon Musk, Virgin Galactic de Richard Branson ou Blue Origin de Jeff Bezos. On dénombre plus de cent tirs en 2023 opérés par SpaceX et sa fusée Starship avec pour objectif la Lune, et même Mars ! Les limites sont repoussées un peu plus chaque année... et ces satellites plus rapprochés que jamais. Dans le même registre, le travail de Mike Horn, aventurier sud-africain et suisse, ou bien celui du jeune Français Matthieu Tordeur, le plus jeune au monde à avoir atteint le pôle Sud sans ravitaillement et en solitaire en 2018, représentent aussi des portes grandioses vers l'ailleurs.

Et ces terres une fois explorées restent des terrains d'action formidables pour les aventuriers. Et si nous, heureux humains, partions, nous aussi, sur leurs traces ? Et si les nouveaux héros de l'ailleurs étaient ces aventuriers ? Ils nous inspirent parce qu'ils nous montrent que... tout est possible. Pour *Routard Magazine*, j'ai interrogé

Matthieu Tordeur à ce sujet. « Comment choisis-tu tes destinations ? lui ai-je demandé, curieux de sa préparation. Au début, j'allais vers des aventures accessibles. En amateur. Parce que j'étais jeune et que j'autofinançais mes voyages. Prendre un vélo, parcourir la France, l'Europe… C'est la curiosité qui m'a guidé vers des destinations que je ne connaissais pas. Et je voulais goûter à tout. Je ne suis un spécialiste de rien ; vélo, voile, stop, kayak, moto, ski, j'aime bien varier les moyens de transport. J'ai toujours été fasciné par le fait de relier un point géographique à un autre, de "rentrer" dans une géographie. Traverser l'Atlantique à la voile. Franchir la plus haute route du monde entre la Chine et le Pakistan. Rallier le pôle Sud à ski. Faire le tour du monde en 4L. Il faut toujours qu'il y ait une histoire, un début et une fin. » Être spécialiste de rien, n'est-ce pas une solution pour partir à l'aventure ? Mais le plus important reste que pour partir, la curiosité prédomine.

Ce n'est pas tant l'objectif, le but, qui donne la satisfaction de l'ailleurs, du voyage, mais la façon, le moyen utilisé pour y arriver. Je garde en tête les départs en vacances quand, enfant, nous partions en pleine nuit avec mes parents pour éviter les embouteillages. J'étais un autre, j'étais un grand. Tous ces départs nous transforment. C'est cela qui transmet la satisfaction d'avoir été un autre que soi, de s'être libéré des contraintes liées à sa position du moment. Partir, c'est rompre avec soi-même, on l'a vu. Le voyage modifie notre personnalité. Qui suis-je donc devenu ? Prendre la tangente présente des risques, ne plus se reconnaître par exemple. « Ce voyage a changé ma vie ! » Une phrase fréquemment entendue. S'éloigner de son port d'attache, c'est aussi ne plus rien voir comme acquis. Ce qui peut effrayer... ou exciter au possible ! Aller ailleurs, c'est se donner l'occasion de remettre les compteurs de nos existences à zéro. Combien de fois est-ce possible dans une vie ? Si peu souvent.

La première fois où j'ai atterri en Asie, j'ai songé à Robert Guillain, à son *Orient extrême* ; j'ai retrouvé l'ambiance des articles signés Jean-Claude Pomonti, un autre correspondant du *Monde* dans la région (rencontré d'ailleurs « pour de vrai » avec son épouse, sur place, en compagnie du regretté

Arnaud Dubus, autre fan absolu d'Asie, qui écrivait lui dans *Libération)* ; j'ai eu le sentiment de mettre mes pas dans ceux d'aventurières comme Odette du Puigaudeau et Marion Sénones au Maroc ou en Mauritanie, de Théodore Monod dans le Sahara, de Sylvain Tesson sur ses chemins noirs. Les reportages, périples et contes ne donnent que cette envie : partir sur leurs traces. Le monde est vaste et les guides nombreux pour nous mener ailleurs. Bien sûr que tout avait changé quand je suis arrivé en Asie, bien sûr que le monde avait évolué depuis la lecture de ce livre de Guillain et des articles de Pomonti, mais quel plaisir de ressentir cette absence de repères, ce vertige ! Un vertige heureux. Je levais les yeux partout, je marchais d'un pas rapide, j'avais envie de découvrir encore et encore. D'aller d'une ruelle à l'autre. De m'arrêter devant cette dame qui faisait la sieste sur ses plumeaux à vendre, son téléviseur hors d'âge branché sur une *telenovela* tout aussi datée. D'entendre, de sentir, de me laisser bercer par ce mouvement inconnu. La Thaïlande, la Chine, le Japon, l'Indonésie, le Cambodge, le Laos… toutes ces missions pour le *Guide du Routard* se sont enchaînées, et j'ai aimé découvrir les nuances, m'imprégner des autres cultures, appréhender l'histoire de Bouddha, du «barattage de la mer de lait» à Angkor, respecter les règles locales, me déchausser devant les temples, ne pas toucher la tête des enfants, siège du pouvoir divin, éviter de planter mes baguettes dans le riz, geste de mauvais augure... L'ailleurs nous exaspère ou nous régénère, il ne nous laisse en aucun cas indifférents. Marcher dans les pas des aventuriers, des journalistes, des auteurs, partir sur un coup de tête après avoir vu un film, lu un article ou un témoignage est un hommage en quelque sorte. Mais c'est surtout l'occasion unique d'élargir nos horizons personnels, et – osons y croire – ceux de nos frères humains, si humains. De construire ensemble un monde de découvertes, et d'écrire une nouvelle page de notre histoire rédigée au gré de nos multiples voyages.

Le train a le vent en poupe. Comme un goût d'autrefois. «J'aurais voulu prendre dès le lendemain le beau train généreux d'une heure vingt-deux dont je ne pouvais jamais sans que mon cœur palpitât lire, dans les réclames des

Compagnies de chemin de fer, dans les annonces de voyages circulaires, l'heure de départ: elle me semblait inciser à un point précis de l'après-midi une savoureuse entaille, une marque mystérieuse à partir de laquelle les heures déviées conduisaient bien encore au soir, au matin du lendemain, mais qu'on verrait, au lieu de Paris, dans l'une de ces villes par où le train passe et entre lesquelles il nous permettait de choisir; car il s'arrêtait à Bayeux, à Coutances, à Vitré, à Questembert, à Pontorson, à Balbec, à Lannion, à Lamballe, à Bénodet, à Pont-Aven, à Quimperlé, et s'avançait magnifiquement surchargé de noms qu'il m'offrait et entre lesquels je ne savais lequel j'aurais préféré, par impossibilité d'en sacrifier aucun.» La poésie des trains fonctionne à plein au début du XXIe siècle à travers ces lignes de Marcel Proust dans la *Recherche du temps perdu* au XXe siècle. Le titre de son projet romanesque porte en son cœur le bonheur de voyager en train. Si les transports ferroviaires ont permis de sillonner la France d'une autre manière, ils ont surtout mis face à face deux chapelles: les automobilistes et les passagers du train, le *Guide Michelin* d'un côté et le *Guide Bleu* de l'autre. Michelin a fait le pari de la voiture à ses débuts en 1900, quand le *Guide Bleu* dès 1919 suivait les axes ferroviaires. Puis le *Guide du Routard*, créé par Philippe Gloaguen, est arrivé en 1973 pour satisfaire davantage de voyageurs, ceux qui « faisaient la route », vers les « Zindes » et ailleurs, un simple sac à dos pour tout bagage. Une vraie révolution ! Fini, le guide à papa, le voyage bourgeois, moqué par Roland Barthes dans ses *Mythologies*. Parallèlement, le tour-opérateur *Nouvelles Frontières* est apparu, ainsi que les premiers vols charters, donnant lieu à une vraie démocratisation du voyage.

Si les deux modes historiques de locomotion que sont le train et la voiture cohabitent aujourd'hui, il est intéressant de constater que, pour se déplacer désormais, on revient sur le modèle tout automobile. La campagne de promotion 2024 de la SNCF ironise d'ailleurs en titrant « Faites la route en train ». Plus écolo, plus rapide parfois, plus sociable, plus reposant aussi, le train coche plusieurs cases des desiderata des nouveaux voyageurs. Mieux : les trains de nuit reviennent en force en France et en Europe. De quoi susciter de nouvelles passions, de nouvelles façons de voyager aussi et de désenclaver certaines régions. Depuis quand n'avez-vous pas pris le train de nuit ? L'expérience fait rêver. Au propre et au figuré ! Bien sûr, on ne retrouve pas le confort ou la rapidité d'un train grande vitesse ou d'une voiture ! Mais le luxe de prendre le temps, de se retrouver un instant dans cette cabine et de songer à tous ceux qui nous ont précédés…

J'ai voulu essayer en famille, pour faire vivre cette aventure à mes fils qui ne croyaient pas qu'il était possible de dormir dans un train. Février 2023, nous voilà gare d'Austerlitz pour attraper le Paris-Briançon. Les locomotives semblent sorties des réserves, d'un orange passé. Fini, le fuselage aérodynamique des TGV. Le confort à bord n'a pas beaucoup changé depuis les années 1980. Le cadet de mes fils, à peine arrivé dans la cabine, a immédiatement sauté au sommet des couchettes, en équilibre d'un bord à l'autre. « Regarde papa, je fais le singe ! » Pas utile de me le préciser. Ma tête devait difficilement cacher ma gêne quand une dame d'un âge certain a glissé la sienne entre les deux portes entrebâillées. Elle a immédiatement souri. « Si vous permettez, je prendrai la couchette du bas », a-t-elle tenu bon de préciser. Le même enfant adepte d'acrobaties a ensuite enfilé son masque de nuit. On s'est glissés dans le « sac à viande » de notre jeunesse, et le vrombissement de la loco nous a transportés illico sur un autre tempo. Rebelote quelques mois plus tard. Y prendrait-on goût ? Le train de nuit du Caire à Assouan nous a menés dans un autre temps et un autre confort, plus rustique encore. Mais avec le plaisir toujours intact de se laisser bercer. Un régal !

Cette exiguïté, le souvenir des trains pris pour économiser une nuit durant nos jeunes années étudiantes, pour voyager pas cher, l'argument environnemental aussi (le train permet actuellement de réduire de 90 % les gaz à effet de serre en comparaison d'un trajet en avion ou en voiture, si l'on s'en réfère au site internet de la SNCF) sont autant de points positifs pour relancer la machine à rêves. L'imaginaire joue son rôle à plein. On pense à Georges Nagelmackers, cet industriel belge qui a importé en Europe le train de nuit Pullman américain en 1883 avec le mythique Orient-Express notamment, qui inspira Joseph Kessel, Graham Greene et tant d'autres. Ont suivi de nombreux autres trains en Écosse, vers l'Asie et le Proche et Moyen-Orient. Et puis, l'économie aidant, le train de nuit a disparu au profit des avions bon marché, avant de faire son grand retour. La revanche !

Ce train n'est pas donné non plus ! Combien d'entre nous se retrouvent désormais aux aurores à rafraîchir sa page d'accueil SNCF à l'ouverture des réservations pour aller au ski ou à la mer pas cher et trouver les meilleurs tarifs de ses futurs billets de train ? Autres temps, autres mœurs. Qu'en aurait pensé Marcel Proust ? Tout cela à cause (grâce ?) des nombreuses offres régulières, aux cartes de réduction, mais aussi au *yield management*, une pratique commerciale qui augmente ou diminue le prix en fonction du client, du prix, et du moment. Autant de ruses de Sioux qui permettent d'optimiser son budget. En attendant, le train permet une convivialité introuvable en comparaison des autres moyens de locomotion. À part peut-être avec le système de covoiturage redevenu à la mode lui aussi. Le stop à l'ancienne est mort, vive le stop (numérique) ! Frédéric Mazzella a inventé avec BlaBlaCar un service qui connecte les automobilistes et de potentiels voyageurs sur un même itinéraire afin de partager un trajet. Autant de rencontres originales qui célèbrent l'esprit du voyage et permettent par la même occasion de réduire l'empreinte carbone des automobilistes et des utilisateurs de ce service, tout en rassurant sur l'identité des conducteurs et des passagers à bord. Bien joué !

Que ce soit dans un compartiment de train de nuit ou dans l'habitacle d'une voiture, ce retour aux sources d'un voyage gomme l'idée d'un voyage individualiste. Cette dame âgée, rencontrée dans le train couchettes Paris-Briançon, m'a raconté cette nuit-là que son petit-fils portait le même nom que mon propre fils... qu'elle ne l'avait pas vu depuis longtemps, qu'elle s'était fâchée avec le père de cet enfant, son fils à elle, qu'elle aimerait bien le revoir... Ces confidences murmurées dans la pâle lumière de ce train qui brinquebalait vers la montagne m'ont ému. Aurions-nous partagé cet instant autrement ? Ces nouveaux usages dans les transports retissent des liens distendus. À l'heure du repli sur soi, des oreillettes plus sophistiquées que jamais, des « bulles » ainsi formées et des espaces personnels ô combien étanches et si peu chaleureux, ces nouvelles formes de voyages rapprochent.

Ce qui explique également le renouveau du camping. Là aussi, les premiers campings municipaux, installés au cœur des villes qui ont bien grandi depuis, et qui devaient accueillir en urgence les nombreux voyageurs profitant de leurs premiers congés payés en 1936, ont totalement modifié leurs offres. Ne dites plus camping mais hébergement de plein air. Ce mode de vacances a retrouvé des couleurs. On oublie peu à peu les mobil-homes alignés à la queue leu leu et on goûte aux espaces vierges. La chaîne Huttopia, créée par les dynamiques et inspirants Céline et Philippe Bossanne, a parfaitement compris ce souhait et ce besoin vital de reconnexion à la nature, sans oublier le confort de leurs hôtes. Ils ont inventé le «prêt-à-camper». Parfois appelé «glamping», contraction de «camping glamour». Les tentes sont déjà montées, les lits ont des matelas confortables. On dort les pieds dans le sable à Noirmoutier sur la plage des Sableaux, ou proches de la grotte Chauvet en Ardèche dans des zones arborées, sur des espaces plus vastes qui vous empêchent de savoir ce que mange votre voisin le plus proche, ou dans une cabane en bois, avec poêle prêt à l'usage, à deux pas du château de Versailles. Pour les apprentis aventuriers, les jeunes urbains ou les vacanciers pressés, l'occasion de se reconnecter rapidement avec la nature ! Les partisans d'un tourisme vert apprécient. Ces structures d'accueil se démontent sans jamais abîmer les espaces. D'où l'implantation fréquente de ces campings dans des forêts ou des zones naturelles, car ils ne détruisent pas leur outil de travail le plus précieux ! Les plus réfractaires diront que cela n'a plus grand-chose à voir avec le camping de leurs parents. Heureusement ! Les temps changent et le tourisme avec. Une aubaine. Ce « glamping » fait des adeptes, même chez ceux qui criaient « le camping, jamais de la vie ! ». Dont l'auteur de ces lignes, pour le plus grand plaisir de ses enfants ! Nouvelles perspectives, nouveaux territoires, moyens de transport et d'hébergements variés offrent aux voyageurs cet appel à un voyage différent, plus respectueux de la nature.

Souvent, on me demande quelle est ma plus belle mission au *Guide du Routard* depuis mon arrivée en 1999 dans cette équipe formée par Philippe Gloaguen, le fondateur de cette aventure éditoriale hors normes (plus de cinquante-cinq millions d'exemplaires vendus !). Que retient-on d'un voyage au juste ? Voyage-t-on pour enfiler les images comme des perles ? Ou pour soulager les temps gris ? Alors quoi au juste ? Les paysages ? Sans doute. Le souvenir de plages de sable blond que les vagues bleu turquoise viennent lécher ? J'avoue en avoir un beau stock en tête. Les galères ? C'est vrai que nous en collectionnons de belles. C'est souvent ce que l'on raconte en premier à nos amis. « Tu ne devineras jamais ce qui m'est arrivé. » Ces petits cailloux dans nos chaussures (de marche) alimentent nos souvenirs de voyage. Parfois même, ils permettent de mieux s'en souvenir ! En Islande, je descends d'une montagne en voiture, sans rien voir à plus de dix mètres devant moi, littéralement la tête dans les nuages. Un brouillard dense, opaque, lourd. De la ouate. Presque un décor de cinéma. Des jours et des jours que je conduisais sans rencontrer quiconque au milieu d'étendues herbeuses et de rochers sombres sous un ciel bas, très bas. C'est d'ailleurs là, au cœur de l'Askja, que les soldats de l'armée américaine se sont entraînés avant 1969 pour simuler leur arrivée sur… la Lune. Et je comprends pourquoi ! Pas âme qui vive à part une cane et ses poussins (d'où viennent-ils ?

où vont-ils ?) rencontrés par hasard. La seule trace de vie sur ce chemin. Soudain, sur cette route caillouteuse de montagne, mon pneu crève. Je ne fais pas le fier. J'avance encore plus doucement, je ne vois vraiment rien du tout, et progressivement, je tombe sous le niveau des nuages. Une route goudronnée se trouve non loin. Je roule de plus en plus difficilement sur trois roues. Pendant ce temps, espérant atteindre cette route goudronnée, je tente de me rappeler mes cours de conduite, plus spécifiquement le chapitre « Changer un pneu ». Quand soudain, face à moi, apparaît... un garage avec, sur la devanture, une immense enseigne... Michelin, notre concurrent mais néanmoins ami au rayon des guides de voyages. Véridique ! J'en souris encore. Grâce à ce garagiste et mon pneu Michelin tout neuf, j'ai pu reprendre ma mission *Routard* en Islande quelques minutes plus tard.

De mes voyages et de mes missions, j'aime plus que tout garder le souvenir des rencontres. Mon ancien rédacteur en chef, Pierre Josse, rentrait toujours de la Creuse ou de Zanzibar avec le même enthousiasme. Au cours d'une mission, je suis amené à parcourir le nord de l'île de Madagascar. Je cabote d'île en île et je découvre des paysages tous plus sublimes les uns que les autres. Une nature sauvage. Des lémuriens dont j'apprends à mes dépens qu'ils n'ont pas de sphincter... Je visite des adresses pieds nus dans le sable. Les hôtels se suivent et ne se ressemblent pas. Idem pour les restaurants. Un midi, je m'arrête dans une gargote. La propriétaire me regarde, un peu surprise d'avoir un client. Elle est assise sur un pliant et tente de s'en extraire. Je vérifie mon texte. Tout y est. Quelques tables, pieds dans le sable, la mer vient nous chatouiller les doigts de pied. Et à l'horizon, du bleu, du bleu et encore du bleu. Elle me fait signe de venir vers elle. Je m'exécute. Cette femme n'a pas d'âge. Elle porte une sorte de robe bigarrée jaune et noire. Je me dresse devant elle, droit comme un i. « Qu'est-ce que tu veux manger ? » Autour d'elle, je ne vois rien d'autre qu'une casserole et une poêle culottées par les années sur un réchaud de fortune. Pas d'ingrédients. Pas de réfrigérateur. Seules des petites boîtes sont fermées. J'ose la question : « Qu'est-ce que vous avez au menu ? » La vieille dame lève les yeux au ciel et d'un doigt me désigne la mer devant nous. « Tout ça ! » Je souris. Je demande du poisson donc... Depuis son siège, la dame siffle entre ses doigts.

Un jeune homme surgit d'une paillote, un harpon sur l'épaule, et fonce droit dans l'eau. Je souris un peu plus encore. Avouons que je n'ai jamais connu circuit aussi court ! La dame n'a l'air étonnée en rien. Elle m'indique l'autre pliant devant elle. Je m'assois à ses côtés. J'ai l'impression étrange de vivre un examen de passage. Elle replace son chapeau de paille sur la tête. Je fais de même avec ma casquette. On se scrute. On s'observe. « Tu viens d'où ? » Je décline mon identité. Elle a l'air ravie. Elle me parle de ses amis français, repartis, oubliés, disparus. Autour de nous, rien d'autre que cette gargote, la paillote d'où est sorti le jeune homme, un arbre trop malingre pour faire de l'ombre et quelques feuillages nichés dans les replis du sable. Et rien d'autre. « J'ai toujours rêvé de découvrir la France. Et tu sais pourquoi ? » La tour Eiffel ? Les Champs-Élysées ? Le Mont-Saint-Michel ? La restauratrice fait non de la tête de façon catégorique. Pourquoi donc alors ? Ses yeux sombres brillent dans l'éclat du soleil. « Je voudrais voir la neige. » Ses mots restent encore gravés en moi après toutes ces années. « Je n'ai jamais connu la sensation de la neige sur ma peau, précise-t-elle. Qu'est-ce que cela fait de sentir la neige sur sa peau ? » me demande-t-elle. Je reste sans voix. J'essaie d'imaginer des comparaisons. Mais rien ne me vient. Rien. Je me sens pauvre et démuni. Presque perdu. Nouveau vertige. Je propose : « Comme des bouts de glaçons qui s'effritent sur la peau... » La vieille dame sans âge me plante ses yeux comme des banderilles dans les miens. « Je n'ai jamais eu d'électricité sur mon bout d'île, ici. Encore moins de frigo pour faire de la glace. Mon seul bien, c'est ça ! » Elle montre encore la mer devant nous. À cet instant précis, j'observe le jeune homme sortir du bleu translucide, un poisson au bout de son harpon bien calé sur son épaule. Aussitôt la vieille malgache le saisit, ouvre ses boîtes, tranche la bête d'un geste sûr, l'éviscère et le lance dans sa poêle à vif. Les crépitements de l'huile viennent rompre le charme du flux et reflux des vagues moutonnant jusqu'à moi. À mon tour de m'asseoir. J'attends que le poisson cuise, avec la sauce piquante de la cuisinière aux yeux brillants. Elle s'active au-dessus de mon plat et me le sert, simplement cuit. « Tu ne m'as pas dit : ça fait quoi la neige sur la peau ? » Des frissons ? J'ai le mot « étincelles » en tête. Puis éclaboussures. Des éclaboussures d'huile sur la peau. Du chaud ? La cuisinière a l'air un peu sceptique.

Du chaud. Et ça pique. La vieille dame se rassoit près de moi. Elle rajuste son chapeau de paille. Et m'adresse un simple « merci » puis s'endort. C'est l'heure de la sieste après tout. Je pars en laissant un billet, de peur de la réveiller. Le jeune homme est introuvable. Et moi, je reste avec cette question, pas vraiment satisfait de ma réponse. Ça fait quoi la neige sur la peau ?

Depuis toutes ces années, j'y pense régulièrement. Je revois chaque fois que la neige tombe le visage de cette dame, assise sur son pliant, devant la mer. Et je songe. Comment traduire des émotions, des sensations, donner la vie à des phénomènes qui paraissent tellement évidents ? Cette simplicité m'échappe. Je m'en approche parfois. Combien de fois tentons-nous des gestes pour nous exprimer, souvent de façon comique, dans des pays où l'on ne connaît pas la langue ? Ces histoires sans paroles nous invitent à imaginer, à donner une forme nouvelle à notre pensée. On essaie de capter les idées de notre interlocuteur. Il y a échange, adaptation, souplesse d'esprit. Parfois, ne pas parler la langue permet aussi d'être plus direct. On ne prend pas de pincettes, on ne tergiverse pas. L'ailleurs nous invite à repenser nos propres vies, dans tous ses recoins, même les plus simples. Partir nous invite surtout à donner du relief aux choses les plus banales de nos existences. Le regard oblique d'un tiers nous fait penser. Je me sens faible, mais je me sens plus fort de cette rencontre. L'ailleurs exacerbe nos sens, nous réveille, nous permet surtout de rester en alerte. Je ne regarde plus jamais la neige de la même façon. Dès les premiers flocons, désormais je tends le bras. Et j'essaie de traduire cette drôle de sensation sur la peau. L'ailleurs nous aide à traduire le monde, toujours ce fameux « usage », à trouver des mots justes, simples, des mots purs, des mots doux, des mots durs. À mettre des mots sur des idées que nous n'avions peut-être même pas. On dépoussière l'univers avec cette façon de faire. Et il y a tant et tant à découvrir. Un puits sans fond. Une quête infinie. La quête d'un humain ?

Et si voyager pouvait sauver la planète ? Cette question volontiers provocatrice encore peut toutefois s'avérer vraie ! Avec la loi des 35 heures de travail hebdomadaires lancée par Martine Aubry en 2002, le temps du voyage a changé, ouvrant la voie aux nombreux courts séjours. Avec un ou deux jours de RTT, il est soudain devenu fort possible de partir plus souvent, pas trop loin, dans des zones accessibles rapidement, en multipliant les stops. Pas des voyages « Kleenex », mais presque, prêts à être aussi vite consommés qu'oubliés. Corollaire de ce changement de vie, des compagnies aériennes comme EasyJet, Ryanair ou Volotea, voire même des compagnies du Golfe, ont vu le jour, avec des prix d'appel sans concurrence possible. Le Covid a mis un coup d'arrêt à ce type de voyage jetable. L'appel à un voyage plus long est désormais nécessaire, plus respectueux de l'environnement, en donnant un sens à son transport. Il ne s'agit plus de partir pour partir, mais de partir avec un but, un horizon, une histoire à (se) raconter. Voyager en privilégiant des séjours prolongés sur place peut surtout s'avérer être une stratégie efficace dans la lutte contre le réchauffement climatique. C'est au sortir d'une conférence à Colmar où j'intervenais sur l'avenir du voyage qu'un monsieur, Jean, 66 ans, m'a interpellé sur ce thème, m'expliquant sa démarche depuis sa retraite. Chaque année, c'était décidé, il allait partir, sans aucun regret. Pourquoi ? Parce que son approche, connue sous le nom de « slow travel » ou « voyage lent », permet de réduire l'empreinte carbone associée aux déplacements. En optant pour des périodes plus longues dans un lieu précis, au cœur d'une destination, les voyageurs ont l'opportunité de s'immerger davantage dans la culture locale, de favoriser les échanges interculturels et d'adopter un mode de vie plus durable. C'est également l'option de plus en plus retenue par les *digital nomads*, des touristes d'un genre nouveau, à temps complet, qui élisent domicile dans différents endroits du globe, au gré d'un accès wifi efficace pour communiquer avec leurs clients. Ils travaillent dans divers domaines qui ne nécessitent pas leur présence au bureau du lundi au vendredi et font de ces nouvelles technologies un outil utile à leur épanouissement personnel. La belle affaire ! De l'art de faire de ce fameux *slow travel* une philosophie de vie ou tout du moins d'adopter un nouveau mode de vie, en adéquation avec les questions environnementales.

De plus, la durée prolongée d'un séjour dans un pays étranger permet de privilégier des modes de transport plus respectueux de l'environnement, tels que le vélo, la marche ou les transports publics, en comparaison avec les déplacements fréquents entre différentes destinations. En cas de vol, toujours privilégier justement les vols directs. Les phases de décollage et d'atterrissage sont celles qui consomment le plus de carburant. Les voyageurs durant leurs voyages au long cours et au temps long ont souvent l'occasion de soutenir les initiatives écologiques locales et de s'engager dans des pratiques écoresponsables. En encourageant une connexion plus profonde avec l'environnement et la communauté, le voyage lent sur un temps long devient ainsi un moyen concret de contribuer à la préservation de la planète et à la lutte contre les changements climatiques. De quoi déculpabiliser pas mal d'utilisateurs de l'avion ! Voilà, en résumé, ce que Jean m'a transmis ce jour-là. Merci de m'avoir aiguillé.

Autre rencontre, à Shanghai cette fois. J'ai connu là Samy, parti vivre et s'installer ensuite à Bali. Chaque week-end ou presque, avec son amoureuse Adeline, ils s'en allaient découvrir la région, notamment les îles de Sumbawa et Lombok. De là est née leur ONG appelée

Sagreen, à partir du constat de la présence trop nombreuse de sacs et débris en plastique sur les plages. Leur idée a été d'expliquer, non pas aux adultes mais aux enfants de l'île, par le biais de BD ou d'ateliers pratiques réalisés directement sur la plage, les ravages du plastique sur la planète en racontant la vie d'une paille digérée par un poisson que ces mêmes enfants mangeraient plus tard... Ingénieux et ludique. Ce genre de volontariat et d'éducation environnementale, en s'impliquant localement dans une région, permet aux voyageurs de mener des projets d'autre envergure, comme des missions de reboisement ou de conservation des écosystèmes locaux. Ces missions permettent finalement de participer directement à la préservation de la biodiversité et à la réduction des émissions de gaz à effet de serre. Mais ce n'est pas tout ! En s'engageant dans des projets agricoles durables, les voyageurs peuvent proposer un savoir et contribuer à développer des pratiques de permaculture par exemple, pour atteindre – on ose y croire – une réduction de l'empreinte carbone associée à l'agriculture traditionnelle. De quoi donner d'autres idées à partager, qu'on a regroupées désormais sous le terme d'« écotourisme ». On peut ajouter à ces prises de conscience l'explication des circuits écoresponsables, des initiatives de protection des espaces naturels, et la promotion de produits locaux durables. De nombreux jeunes étudiants de grandes écoles multiplient désormais ce genre de projets, appelés des « learning expeditions », pour apprendre sur le terrain durant leur année de césure ou les vacances d'été (*Le Monde* du 27 novembre 2023) toutes ces pratiques découvertes de façon très schématiques ou éloignées de la réalité. De quoi mettre en application leurs cours in situ ! Ces périples solidaires valident leurs diplômes qui n'ont désormais de sens qu'au niveau de la planète. Les grandes écoles favorisent d'ailleurs ces échappées en adaptant les emplois du temps des élèves concernés. N'est-ce pas de manière condensée, dans l'espace et dans le temps, ce qu'ils auront à gérer plus tard ? Des imprévus, des financements et de la pédagogie ?

L'engagement du voyageur responsable passe aussi par sa connaissance des filières pour organiser son séjour. L'argent dépensé pour un voyage revient-il au voyagiste français, qui privilégiera son hôtel géré en interne depuis la France, avec ses propres prestataires ? Ou bien n'est-ce pas là l'occasion de retenir un tour-opérateur local, un hôtel géré ou tenu par des habitants du pays visité, avec possibilité de profiter de l'artisanat local, de rencontrer les acteurs de son voyage ? Un vaste débat. La deuxième solution coûte bien sûr plus chère, les rendements sont plus faibles, mais les revenus plus solidaires et responsables. De nombreuses agences de voyages développent cette approche plus humaine, en proposant les services de guides locaux, de prestataires connaissant leurs produits, où le tarif requis fait partie de la démarche du voyageur, et est utile directement sur place dans le cadre d'un projet précis.

Dommage qu'il n'existe pas d'ailleurs un « label » puissant du tourisme éthique. Heureusement, en la matière, on trouve déjà, entre autres, 1 % for the Planet, Climate Neutral Certification, EarthCheck, pour vérifier notamment qu'une entreprise consomme de manière réfléchie, que les employés sont rémunérés à leur juste niveau au prorata des revenus des tour-opérateurs, que les chaînes d'hôtels appliquent des critères environnementaux… À suivre ! À créer ! En attendant, fini les vols allers-retours à bas prix pour un long week-end de trois jours ou les concepts « all inclusive » avec boissons à volonté à consommer sans modération sur des transats toute la journée. En s'investissant dans de telles missions, les voyageurs contribuent non seulement à atténuer les effets du réchauffement climatique, mais aussi à subvenir aux besoins vitaux de certaines populations en détresse, et favorisent un échange culturel et une compréhension mutuelle avec les communautés locales, renforçant ainsi l'impact positif de leur présence. De quoi donner un véritable sens à son voyage, tout en gardant en tête d'éviter l'écueil d'une position néocolonialiste. Le voyage responsable doit être aussi l'occasion d'une révolution copernicienne de nos façons d'évoluer, sans jamais oublier qu'ailleurs, le touriste, c'est d'abord moi !

Mais si l'on n'est ni étudiant ni bénévole, si l'on est actif, sans peu de temps de congés, comment faire pour céder à l'appel du voyage responsable ? Est-ce seulement possible ? Bien sûr ! À tel point qu'un nouveau manifeste du voyageur semble émerger, qui prend en compte les contraintes environnementales et économiques. Le surtourisme est un fléau auquel les professionnels du voyage doivent désormais tenter de répondre urgemment. Les images de Venise prise d'assaut par des paquebots surdimensionnés ont marqué les consciences, tout comme les hordes de voyageurs dans les calanques en Provence, sur les îles bretonnes ou dans les ruelles bondées du Mont-Saint-Michel. Plusieurs subterfuges ont été trouvés pour limiter le surtourisme, comme payer un droit d'entrée, limiter l'accès quotidien de certains sites à un certain nombre de visiteurs, privilégier l'accès aux locaux plutôt qu'aux visiteurs, ou bien, comme au *Guide du Routard* depuis quelques années désormais, opter pour des « pas de côté » et vanter des trésors patrimoniaux, souvent ignorés des circuits traditionnels touristiques, situés à deux pas de ces fameux trésors, qui enrichissent l'offre touristique. Ajoutons à ce manifeste le choix de la période de séjour. Les voyages hors saison permettent de sauvegarder un patrimoine en danger. Il faut étaler les visites toute l'année pour éviter ce trop-plein. Quel bonheur de se rendre au Mont-Saint-Michel un petit matin pour apprécier le jeu des marées, et profiter d'une visite optimale des lieux, dans des conditions décentes. Peut-être pas facile pour tout le monde, mais à privilégier assurément ! Et aux heures de pointe profiter du Scriptorial d'Avranches tout proche, qui recèle les manuscrits des copistes du fameux mont, un peu moins visité et pourtant tout aussi riche !

Ces nouveaux réflexes du voyageur responsable nécessitent de se renseigner. Est-ce la période des fortes chaleurs dans le pays visité, des risques d'incendies ou des inondations, des fortes neiges ? Ces périodes sont « naturellement » à éviter. Ce voyage tombe-t-il pendant une fête religieuse ? Un déplacement du pape, un pèlerinage à La Mecque, Songkhran en Thaïlande, Holi en Inde ?... Ces évènements mobilisent les foules et ne sont peut-être pas propices à la meilleure expérience de visite sur place (même s'ils sont des moments uniques et tellement sacrés !). Quels souvenirs garderez-vous si vous ne retenez que les difficultés de circulation, les hébergements tous complets hors de prix ou les sites touristiques surpeuplés ? Sans oublier que ces afflux de population perturbent non seulement la population locale mais aussi l'écosystème. Autant d'éléments à prendre en compte pour voyager dans les meilleures conditions possibles, tant pour soi que pour ses hôtes. Les outils pour connaître ces fêtes et manifestations sont légion désormais et facilement accessibles (dans l'agenda culturel de *routard.com* par exemple). Cette visite du pape, ce pèlerinage, ce nouvel an bouddhique, cette fête des couleurs sont peut-être aussi des moments de vie précieux pour appréhender un pays...

Dans un autre registre, quel comportement adopter en cas de catastrophe naturelle ? Faut-il se rendre dans un pays qui vient de souffrir d'un tremblement de terre ? d'une éruption ? d'un feu de forêt ? Certains pays acceptent volontiers le retour des voyageurs après un désastre naturel, ils peuvent aider à la reconstruction et les devises étrangères financent des programmes d'urgence. D'autres pays ferment au contraire leurs frontières pour se débrouiller seuls. Il s'agit, une fois de plus, de connaître les modalités d'accès dans les pays concernés. Un phénomène et un mouvement sont apparus ces dernières années, faisant fi de ces préconisations : le *dark tourism* ou tourisme sombre, obscur, voire glauque. Des agences de voyages se sont même spécialisées dans ces expéditions dans les zones à risque de la planète, emmenant leurs clients dans des pays en guerre comme en Ukraine, au Sahel, en Syrie ou en Libye (lire l'excellent article « T'as voulu voir Kaboul » de Pauline Lallement dans le magazine *Society* du 3 août 2023). L'appel du voyage est fort, très fort pour ces voyageurs prêts à tout pour ajouter un drapeau supplémentaire à leur collection. Leur horizon est clair : les zones rouges du Quai d'Orsay. Et une certaine inconscience. Pour les participants, l'objectif est l'adrénaline, le sens de l'interdit, ne pas faire comme tout le monde. Sûr qu'on ne croisera pas ici sa voisine de palier en maillot de bain sur la plage… Ces casse-cous atteignent clairement leur objectif, et reprennent à leur compte l'idée de l'exploration, des anciens aventuriers, des premiers explorateurs. Sont-ils pour autant les explorateurs des temps nouveaux ? J'en doute. À côté de ces peuples en pleurs, la dignité empêche de croire qu'il s'agit là d'une bonne façon de voyager. Comment se satisfaire d'une aventure quand les autochtones visités manquent de tout, risquent leurs vies et enterrent les leurs ? Et à quel prix ! L'un des plaisirs du voyage n'est-il pas de rentrer ? Le risque ici en vaut-il la chandelle ? Je ne crois pas, même si libre à chacun de choisir sa propre aventure personnelle, envers et contre tout, en son âme et conscience. Le voyage engage. Plus que jamais. Dis-moi quel voyage tu fais, je te dirai qui tu es.

Quid des pays sous régime dictatorial ? Là, l'avis diffère. Lors de ma première interview professionnelle pour le compte du *Guide du Routard*, au début des années 2000, je me rends un dimanche soir dans les locaux feutrés de France Culture. Face à moi, afin de débattre de cette question, Jean-François Rial, PDG de l'agence Voyageurs du Monde. On ne se connaît pas encore mais ce sera le début de nombreuses rencontres toujours aussi riches avec ce féru de culture, passionné et passionnant, et l'un de nos meilleurs interprètes et défenseur de la sphère touristique. La question du journaliste était simple : faut-il s'interdire d'aller dans des pays aux mains de dictateurs ? La réponse a fusé d'une seule voix : NON ! À l'époque, avant 2007, Aung San Suu Kyi, en Birmanie, tenait encore tête à l'armée, les moines n'étaient pas encore descendus défier la junte dans la rue. Tout comme ailleurs dans le monde, au même moment, la Tunisie était sous le joug de Ben Ali. Pourtant, les plages étaient pleines de vacanciers venus chercher un peu de soleil, se détendre à l'ombre des temples romains, et goûter des plats délicieux. Mes collègues visitaient ces pays sans pouvoir montrer leurs carnets de notes. Idem, en Syrie, bien avant la guerre quand on pouvait « presque » librement circuler et visiter des sites aussi beaux que les châteaux du désert de Qasr Amra ou Qasr al-Hayr al-Gharbi ou le bimaristan d'Alep, alors tout juste rénové et aujourd'hui détruit sous les bombes... En 2009, je me retrouve assis à l'arrière d'un taxi syrien, je griffonne discrètement mes remarques quant aux adresses visitées. J'apprends par la suite que le chauffeur note lui aussi mes déplacements qu'il trouvait bizarres. Pourquoi visiter tant d'hôtels et d'auberges ? Manger dans tant de restaurants ? Qui renseigne-t-il ? Qui ? Ses supérieurs ? La police ? Je ne m'expose pas davantage... En cas de danger, si danger il y a, repli immédiat. La seule question qui vaille reste celle de la sécurité. Ne pas jouer avec le feu. Cela ne sert à rien. Nous travaillons pour un guide de voyage, pas pour des médias d'informations. Et pourtant, à la question de ce journaliste, ce dimanche soir, au micro de France Culture, la réponse est claire. Il faut se rendre dans les pays même sous le joug des dictateurs, quand on ne risque pas de perdre sa vie. L'ailleurs, on l'a déjà dit, n'est pas un champ de roses, loin de là. Se rendre dans ces pays, c'est informer, d'une autre manière, rapporter, raconter ce qu'on y a vu, lu, entendu. C'est témoigner. Non, dans ces pays, il n'y a pas que des dictateurs derrière chaque habitant. Ne pas faire de raccourci. J'aime souvent évoquer cette dernière soirée de mission en Syrie à Damas. Je n'ai plus un sou en poche, je ne peux pas retirer d'argent. Alors je tente le tout pour le tout, et j'explique à un vendeur de galettes au zaatar, une herbe terriblement aromatique, que je suis fauché. Il m'écoute et, sous mes yeux, commence à faire voler la pâte qu'il étale et saupoudre d'herbe. Encore toute chaude, il l'emballe dans un papier aluminium, et me la tend. « Gratis » répète-t-il trois fois en me tendant de l'autre main un verre de thé bouillant à la menthe. Je revois les yeux bleus de ce vendeur au moment où j'écris ces lignes, son keffieh noir et blanc sur la tête, sa barbe mal rasée, à côté de son four portable réchauffant cette dernière nuit. Le voyage, c'est le partage, au propre comme au figuré, et rapporter les faits, rien que les faits.

Qu'est-il devenu, ce vendeur de galettes ? Et ce chauffeur de taxi ? Souvent, sur les écrans de télévision, lors des journaux, je vois des images d'Alep, de sa citadelle, et de tous ces quartiers entièrement détruits. J'aimerais tant y retourner, retrouver la beauté de ce pays, de son histoire, et replonger la main, insouciant, dans une boîte de chocolats Ghraoui, si reconnaissables à leurs emballages orange. J'avais passé des heures à choisir (et goûter !) ces douceurs chez ce chocolatier réputé de Damas. Existe-t-il encore ? Un jour, je le jure, j'y retournerai. Tout comme le plaisir de faire de la radio ne m'a jamais quitté depuis ce fameux dimanche, pour transmettre, encore, toujours, pour parler, expliquer, communiquer, raconter ces voyages et ces points de vue différents, sur RTL, France Inter et désormais sur Europe1, auprès de William Leymergie.

Je dois faire une confidence : je n'ai pas le sens de l'orientation. Plus de vingt-quatre ans comme enquêteur au *Guide du Routard* et je me trompe toujours de sens dans une rue. Je dois aller à droite, le plan est clair, et pourtant, vous pouvez être certain que j'irai à gauche. Pourquoi ? Est-ce une perte de temps ? Vais-je me perdre ? Non. Au contraire. C'est ma richesse. Et j'en ai même fait un principe de vie. Plutôt que de toujours aller plus vite d'un point A vers un point B, je choisis de prendre les chemins de traverse et de me surprendre moi-même. Je n'ai jamais été aussi productif, imaginatif, curieux et attentif qu'en empruntant les itinéraires bis, ces chemins vers l'inconnu. « En route, le mieux, c'est de se perdre. Lorsqu'on s'égare, les projets font place aux surprises, et c'est alors, mais alors seulement que le voyage commence », selon Nicolas Bouvier.

Janvier 2023, je suis à New York pour le *Routard* et j'ai pour mission de remettre à jour la partie du guide consacrée à Brooklyn. Je vérifie qu'hôtels, restaurants, bars, boîtes de nuit et autres endroits que nos lecteurs viendront visiter sont toujours ouverts. Ou pas. J'enchaîne des dizaines et des dizaines d'adresses. Le plaisir de rencontrer quelquefois des propriétaires originaux, des lieux insolites. Une tâche titanesque. Un puits sans fond. Un tonneau des Danaïdes même ! Toujours vérifier, contrôler, et s'assurer que la proposition touristique reste forte. Un dimanche matin, je parcours l'est de New York, mon plan à la main. Dans le guide, on vante les fresques et les graffitis de cette partie de la ville un peu à l'abandon et quelques adresses pour manger sur le pouce. Je sors du métro et vérifie sur ma carte : la sortie à droite sera idéale pour vérifier les emplacements des adresses présentes dans le guide. Et au sommet des marches… je tourne… à gauche. Nécessairement. Comme une évidence. Pourquoi ? Je ne l'explique pas. Ou bien si : l'appel du voyage, l'exotisme, l'ailleurs… Ce que je ne connais pas m'attire nécessairement. Impossible d'aller sur les chemins balisés. Je n'aime rien tant que l'inconnu. Il faut que je cherche une autre trace. Alors va pour la gauche. Parfois, je fais chou blanc. Je ne tombe sur rien d'épatant. Voire je me frotte à des situations loin d'être glamour. C'est le risque d'une telle démarche à la fois consciente et distraite. Et puis parfois, je tombe sur des pépites. Combien d'adresses au cours de mes missions *Routard* n'ai-je donc pas trouvées quand j'ai osé bifurquer (un peu contraint, un peu forcé par mon sens de l'orientation déplorable, rappelons-le) ? Je n'aurais jamais fait bénéficier les lecteurs de ce bar à cocktails, de ce restaurant, de ce café, de ce petit hôtel perdu dans une impasse si je n'avais pas osé changer mon chemin. Toutefois, il faut me voir pester contre moi-même. Pourquoi ai-je donc pris cette voie à gauche ? Et puis face à ces lieux épatants, j'oublie tout. Je suis ébloui et enthousiaste.

On trace nos routes au quotidien. Métro, boulot, dodo. On s'habitue. Cette routine lénifiante atténue nos esprits. Métro, boulot, dodo. Et plus rien d'autre. Métro, boulot, dodo. Quand soudain, au lieu d'aller à droite, on file à gauche. Et la vie devient plus colorée, plus intense, plus dangereuse aussi. Que vais-je trouver sur ce chemin-là ? Je ne sais pas, et là est l'originalité de cette démarche. Les chemins de traverse nous conduisent précisément où nous n'irions pas et font toute la richesse de nos existences. Un supplément de vie. Comme au flipper lorsqu'on gagnait des « extra games » en fin de partie. Soudain, on a le droit de rejouer. Cet inconnu qui s'offre à moi est un cadeau inespéré. Il y a tout à faire, tout à défricher. J'ai l'impression d'être un explorateur devant une terre inconnue ! Ce chemin à gauche me donne l'espoir d'être vivant, de ne pas m'endormir et d'explorer tout un monde nouveau.

Un exercice à réitérer chez soi très facilement. Vous sortez le chien le soir ? Vous partez travailler à pied le matin ? Vous allez à votre cours de chant le samedi après-midi ? Vous avez un chemin prédestiné ? Eh bien prenez l'autre. Celui que vous ne prenez jamais. Regardez, écoutez, ouvrez grand vos yeux et vos oreilles, des miracles peuvent survenir. Ces expériences nous montrent à quel point nous sommes vivants. Par le voyage, par l'ailleurs, par l'autre, on s'éprouve et on se prouve qu'on peut avancer. Qu'avez-vous à perdre à prendre cet autre chemin ? Concrètement : rien. Il suffit d'un peu d'audace et de curiosité. De temps aussi. Prendre les chemins de traverse, c'est s'impliquer davantage. On n'est en rien aventurier si on suit les chemins balisés, balisés par soi-même avant tout. On devient l'aventurier de sa propre existence en courant à la rencontre de l'improbable.

Je n'ai pas à être fier de cette façon de bouger ou de me diriger. Elle est intrinsèque à ma manière de me mouvoir, de chercher, d'avancer. Cela peut être fatigant. Pour soi, pour autrui. Toujours aller ailleurs pour atteindre son but épuise. Prendre la tangente pour courir le monde à sa guise, n'est-ce pas égoïste ? Si. Il faut le dire. Mais n'est-ce pas nécessaire ? Également. Il s'agit même du meilleur moyen de se découvrir enfin et de tester ses capacités de résistance. Je fais le malin à dire que je vais à gauche plutôt qu'à droite, mais combien de fois mes pas m'ont mené dans des guets-apens ? Je ne compte plus. J'en rigole parfois. J'en fais même des livres... L'aventure peut s'avérer riche mais aussi dangereuse. Dans une ruelle de Londres, un soir, tard, à l'est de la ville, en quête d'une merveilleuse *mashed potatoes*, soi-disant la meilleure purée de la ville, servie avec une saucisse au couteau extraordinaire, j'ai fini dans un squat avec des personnes pas bien réveillées et enfumées avant de trouver ladite adresse... à l'opposé de l'endroit que j'avais repéré. Les affres du métier ! Il faut juste savoir mesurer son degré d'aventures. Au pire, revenir sur ses pas. L'erreur n'est pas un aveu d'échec, bien au contraire. On essaie, on tâtonne, on revient, on repart, on avance. Dans tous les cas, à droite, comme à gauche, on reste vivant.

J'ai oublié mon téléphone portable une journée entière à la maison. J'aurais pu aussi me retrouver dans une zone « blanche », non couverte par les ondes des téléphones. Il en reste encore beaucoup en France. Ou me perdre dans une forêt, zone tout aussi souvent inaccessible des réseaux. Mais c'est cet oubli qui m'a fait réfléchir. J'ai été déstabilisé les premières minutes. Les premières heures. Et si l'école de mon fils appelait ? Et si ma femme cherchait à me joindre ? Que des urgences qui n'arrivent que peu souvent finalement. J'ai hésité à retourner le récupérer. Je suis toujours le nez dans mes applications, entre Instagram, LinkedIn, les mails, les journaux en ligne, WhatsApp, etc. Et puis non, j'ai regardé cet oubli comme une chance, un peu dépité au départ et puis vite ragaillardi. L'occasion de ne plus rien attendre de la technologie, de voyager en quittant non pas mon pays mais mon téléphone. Je me suis retrouvé au centre de mon tout petit monde le temps d'une journée, sans autre moyen que mon cerveau pour réfléchir, me consoler, me conseiller. J'ai demandé mon chemin. Je suis allé vers les autres. « La rue du Moulin-des-Prés, c'est par ici ou par là ? » La technologie, au lieu de nous rapprocher, nous isole. Il n'a jamais été aussi facile de découvrir l'autre bout du monde, de prendre l'avion, de connecter des trains, des bus, des bateaux entre eux d'un simple clic. Avec nos outils de communication, on peut joindre le monde ou presque. Pas un mois sans qu'un opérateur téléphonique annonce couvrir une zone supplémentaire pour ses abonnés. Il est aussi facile de se parler entre Paris et Limoges que Marseille et Bangkok.

Le monde n'est plus aussi grand qu'avant, il a rétréci, au lieu de s'élargir. Les réseaux sociaux nous donnent à voir nos voisins, nos amis, nos collègues, notre famille presque en temps réel en train de manger, danser, nager, s'amuser aux quatre coins de la planète, avec le risque de faire disparaître cette distance géographique et temporelle. On se passionne aussi pour des personnes qu'on ne connaît pas, sans jamais les connaître. J'en suis le premier responsable. Je poste mille et une choses sur ces fameux réseaux, à tel point que des inconnus, rencontrés lors de salons du livre, tous adorables au demeurant, viennent me parler de ces évènements de ma vie, comme s'ils en étaient tout autant les acteurs. Déstabilisant au possible. On ne voit plus que par le prisme des réseaux sociaux ou des écrans de nos téléphones portables où tout n'est qu'enjolivement de la réalité à coups de filtres colorés.

Soudain, ce jour-là, sans smartphone, j'ai pris conscience que je pouvais vivre mieux, vivre plus. Je me suis naturellement « forcé » à aller vers autrui, à lever les yeux autour de moi. J'ai aidé un homme à rentrer chez lui. Je l'ai vu boiter sans béquille, je lui ai proposé de l'accompagner jusqu'à son immeuble en voiture. On a parlé, il m'a raconté son opération des ligaments, je lui ai parlé de la mienne autrefois. Bref, entre éclopés, on a échangé « pour de vrai », autrement qu'à travers un écran. On s'est salués, on s'est serré la main. Oh ! un humain ! Il m'a dit en claquant la porte : « Je ne pensais pas que cela pouvait exister encore ce genre de comportement. » Il a même eu l'air surpris que je ne demande rien d'autre que de l'aider.

Ce jour-là, toujours, j'ai parlé avec cette dame que je croise tous les jours dans l'ascenseur. Sans mon téléphone à la main, j'ai pris soin de lui demander à quel étage elle montait avec sa valise. Elle rentrait du Rwanda. « Du Rwanda ! » ai-je répété, l'air surpris. Je n'aurais jamais cru cette femme capable d'aller au Rwanda. Je me suis senti… bête. Et pourquoi pas ? Cette voisine s'est mise à me parler de ce pays d'adoption avec une passion non feinte. L'ailleurs commence avec autrui. Tout humain est une proposition, la découverte d'un univers particulier. Il n'y a pas de petit et de grand ailleurs. Aller toujours plus loin, à quoi bon ? Les nouveaux moyens de télécommunication nous bercent d'illusions. L'herbe n'est pas plus verte dans le pré d'à côté. L'ailleurs commence au coin de la porte. C'est aussi l'attention, l'ouverture. Il faut être attentif à tous les signaux. Écouter. Se laisser happer. Être disponible. Ouvrir grand yeux et oreilles. Mettre son corps sur la position « on ». On fait du sport, on marche, on s'émerveille. L'ouverture. Tout, sauf la fermeture, les œillères, le repli sur soi.

Un jour, je demande à mon fils, 10 ans, quel est son plus grand rêve. Je m'attends à un nom de joueur de foot ou une série d'*animes* japonais. Il me répond : « Dormir sur une île déserte. » Il pensait m'avoir avec cette réponse. Peut-être pensait-il aux îles des Caraïbes, aux mers du Sud ? Un samedi, je l'embarque en voiture vers Tours, plus précisément à La Rochecorbon. Au bord de l'eau, au pays de Balzac, la bien nommée Rabouilleuse nous attend à quai. Il s'agit d'une toue sablière, un bateau en bois à fond plat pour se faufiler entre les bras de sable ligériens, aux allures de drakkar moderne, avec voile à la proue. Isabelle, Clément et Samuel nous accueillent. On charge des cantines en métal, d'autres en osier à bord de cette bienheureuse Rabouilleuse. Mon fils ne comprend rien. La toue s'élance. Clément nous parle des loriots, ces petits oiseaux jaunes typiques des bords de Loire qui se nichent dans les haies, de la faiblesse des fonds, des beaux châteaux. Mon fils, soudainement passionné, s'essaie au maniement de la voile et du gouvernail sous l'œil amusé de notre « vrai » pilote. Ses yeux brillent à mesure que le jour décroît. Puis soudain, une langue de sable d'un kilomètre de long, avec quelques arbres, apparaît.

— C'est là, lâche Clément.

— « Là » quoi ? demande mon fils.

— Ton île déserte ! m'écriai-je alors.

Mon fils n'a pas vraiment apprécié la plaisanterie. Mais très vite, il s'est mis à aider Clément à décharger les cantines et à couper du petit bois. Quelques minutes plus tard et quelques barres de métal plantées dans le sable meuble, un bivouac avait pris place, avec feu, repas et couvertures épaisses. Puis Clément a donné les dernières consignes pour se protéger des castors et des sangliers situés de l'autre côté de l'île… J'ai vu mon fils se figer. Des sangliers ? des castors ? Ce soir-là, les pâtes ont eu un autre goût. Le goût de l'aventure. Les chamallows au-dessus du feu un peu plus encore. Mon grand garçon, à l'affût, aux aguets, s'est lové contre moi. La nuit fut courte mais magique. Et au petit matin, dans les nappes de brouillard de la Loire, je lui ai dit : « Parole tenue ! Tu as dormi sur une île déserte. »

Cette nuit à la belle étoile m'a rappelé qu'il n'était nul besoin d'aller au bout du monde pour goûter l'ailleurs. Ce mouvement de l'ailleurs tout proche a déclenché un mouvement dans le secteur touristique : la micro-aventure. Le concept, inventé et développé par l'aventurier Alastair Humphreys, a permis de mettre en avant ces aventures pas (trop) chères, pas (trop) lointaines et pas (trop) longues. Après avoir parcouru le monde quatre années durant, par tous les moyens possibles, Humphreys a décidé de rentrer au bercail. Pour se rendre compte qu'il n'était jamais allé sur la colline en face de chez lui. Au sommet de cette colline, à deux pas, il a vu son monde sous un autre angle. N'est-ce pas là le bienfait du voyage ? du déplacement ? de l'aventure ? Pour changer de point de vue, nul besoin d'avion. Comme Léon-Paul Fargue avait déjà inauguré le concept à sa manière avec son *Piéton*, ou encore Louis Aragon dans *Le Paysan de Paris*.

Si le concept de la micro-aventure a déferlé sur la France ces dernières années avec des propositions toutes plus ou moins riches (la *vanlife* au Pays basque en combi électrique, trouver de l'or dans le Gard, dormir dans une œuvre d'art en Haute-Marne, etc.), d'autres offres touristiques ont mis en avant les solutions de remplacement. Ainsi on trouva des airs de Grand Ouest américain au Colorado... provençal. On crut voir les forêts québécoises ou scandinaves nichées au Plateau des Mille Étangs en Bourgogne-Franche-Comté. On compara le bleu turquoise des Seychelles avec celui des Glénans. Autant de pirouettes qui ne cachaient pas pour autant un certain inconfort quant à cette soif d'ailleurs, difficilement étanchée de cette manière. De nombreux livres et articles se sont amusés de ces subterfuges. Mais les vols et les avions sont repartis de plus belle depuis. On fonce voir l'original plutôt que la copie. Et pourtant, de cet épisode ne retenons qu'une seule leçon : l'aventure, qu'elle soit « méga » ou « micro », reste une aventure, une aventure intérieure.

Cette quête est marquée ces dernières années par le renouveau des voyages spirituels qui attirent de plus en plus de personnes à la recherche de significations profondes, de bien-être et de découvertes culturelles. Cette forme de tourisme peut inclure des voyages vers des lieux saints, des retraites, des festivals religieux, des pèlerinages, et d'autres expériences axées sur la spiritualité.

L'appel est plus divin. Le chemin de Saint-Jacques-de-Compostelle est l'un des pèlerinages chrétiens les plus célèbres. Des milliers de personnes parcourent chaque année les chemins menant à la cathédrale de Saint-Jacques-de-Compostelle en Galice, en Espagne. Ce pèlerinage est même devenu un objectif en soi entre amis, en famille, à faire en plusieurs étapes. Qu'est-ce qui motive à travers cette démarche ? De se retrouver, de se questionner, d'avoir un but, un temps pour soi, de donner du sens. Que l'on soit croyant ou non, c'est un partage d'expériences, d'aventures vécues en commun. Ou pas. À travers ce pèlerinage vers Compostelle, c'est aussi la célébration de la marche à pied, l'une des activités préférées des Français. Qu'on songe au podcast d'Hervé Pauchon, parti de la tour Saint-Jacques jusqu'à Compostelle en interrogeant sur son chemin d'autres pèlerins. Les ouvrages de David Le Breton, *Marcher, éloge des chemins et de la lenteur*, ou ceux de Martin de La Soudière pour ressentir les effets de la marche sur l'homme, ce mouvement si étrange, qui entraîne l'être humain hors de lui, pour mieux se retrouver, aident à cerner cette activité très prisée. Ce dernier cite Stevenson dans

Arpenter le paysage : « Quant à moi, je voyage, non pour aller quelque part, mais pour marcher. Je voyage pour le plaisir de voyager. » Plus loin, ne dit-il pas : « Psychologues ou anthropologues soulignent que l'être humain a besoin, mais alternativement, de lieux de refuge et d'abri, *et* de lieux de circulation et de découverte. Hestia a toujours su faire bon ménage avec Hermès, la déesse du Foyer et le dieu des Chemins ! » Rendons grâce à Hermès et filons. Un, deux, trois pas... Quel voyage stupéfiant ! Quelle aventure extraordinaire ! On célèbre ici aussi le paysage. L'œil se pose ailleurs, ausculte le monde en mouvement. Une chance inespérée de s'imprégner des vallons, des criques, des taillis, des haies, des monts et autres sommets. Mais pas besoin de partir loin. Son propre village, sa ville peuvent faire l'affaire, comme le héros du Japonais Jirō Taniguchi, un mangaka renommé, dans sa BD *L'Homme qui marche*. L'histoire suit un homme d'affaires japonais qui, fatigué de sa vie quotidienne et stressante, décide de faire une pause et de marcher à travers les rues de Tokyo. Le personnage principal, sans but précis, se lance simplement dans une exploration de la ville à pied. Au fil de son périple, il observe les détails de la vie urbaine, découvre des coins pittoresques, interagit avec d'autres personnes et prend le temps de réfléchir sur sa propre existence. Cette œuvre a été saluée pour sa poésie visuelle, son ton contemplatif et son message sur la valeur de prendre du recul dans la vie trépidante de la société moderne. De quoi donner l'envie à quiconque de sortir du bureau et fuir sa propre vie le temps d'une déambulation !

Les séjours en Inde demeurent aussi très prisés pour le tourisme spirituel. Des endroits tels que Varanasi, Rishikesh, Amritsar et Bodhgaya attirent des voyageurs en quête d'expériences mystiques, que ce soit à travers des rituels religieux, la méditation, ou l'exploration de la richesse intellectuelle de la culture indienne. Idem à Bali, une destination populaire pour les retraites de yoga et de bien-être. Les visiteurs viennent chercher la paix intérieure, mais aussi la connexion avec la nature et la pratique du yoga dans des environnements paisibles. Surtout depuis que Julia Roberts est venue s'y ressourcer dans le film *Mange, Prie, Aime* de Ryan Murphy, adapté du best-seller d'Elizabeth Gilbert ! Il y a bien un intérêt croissant pour le bien-être physique et mental dans un contexte spirituel. L'appel du voyage n'est plus simplement un loisir, il en devient presque vital. Que ce soit dans les temples bouddhistes et sanctuaires shintoïstes du Japon, ou dans les festivals spirituels tels que l'Inti Raymi, la fête du soleil à Cuzco au Pérou, ou la fête de Yemanjá, la déesse de la mer, au Brésil, autour des rochers aux forces telluriques d'Uluru en Australie chez les aborigènes, les voyageurs cherchent de plus en plus à combiner leurs voyages avec des expériences qui nourrissent leur esprit et leur âme, à dénicher l'énergie et la force des lieux. Là encore, pas besoin d'aller aussi loin pour ressentir la ferveur religieuse ou éprouver son esprit au pouvoir de la méditation. Faire la « dé-marche » de se réfugier dans une église ou tout autre édifice religieux reste possible en France, que ce soit pour une cérémonie ou simplement pour soi, à n'importe quel moment de la journée. Quiconque a le souvenir d'un moment sacré, hors du temps. Le sacré se niche où il peut. L'odeur de l'encens de l'église Saint-Jean-de-Malte à Aix-en-Provence, sous le tableau du Christ en croix d'Eugène Delacroix, continue d'infuser en moi sa magie, sa force. Devant le tombeau aux proportions gigantesques d'Hatchepsout, en Égypte, je me souviens du va-et-vient d'un moineau vers sa nichée cachée au sommet d'un pilier. Ou encore la sensation de l'eau aspergée sur mon visage à coups de branches de buis dans cette église de Salvador de Bahia au Brésil après une messe de Noël chaloupée. C'est aussi cette marche jusqu'aux tombes des pirates de l'île Sainte-Marie, avec ses crânes, au large de Madagascar, et cette cérémonie du retournement des morts pour nettoyer les os des défunts. Ce sont ces petits cailloux disposés comme autant d'autels sur mon chemin dans la vallée de Maljasset, le long de l'Ubaye. C'est la dernière balade en fauteuil dans l'église de mon village de Pont-l'Evêque en Normandie avec ma grand-mère quelques jours avant sa mort, cet arbre à vœux au Japon dans un temple de Kyoto où j'ai glissé le mien (et dont j'attends encore qu'il se réalise !) ou ce Bouddha de Leshan en Chine creusé dans la roche, aux proportions surhumaines. Ces célébrations religieuses, ces instants de retrait représentent tout sauf des replis, mais bien plutôt le déploiement majestueux de notre être. Ces échappées spirituelles questionnent d'ailleurs un peu plus notre besoin de voyager.

Que cherchons-nous en cassant notre rythme, en nous « dé-paysant », en allant voir ailleurs, si ce n'est un « moi » plus grand, plus vaste, qui dépasse nos propres limites ? Ces virées aux quatre coins du monde ou près de chez nous ouvrent nos horizons et élargissent par là même notre identité, notre propre force intérieure pour mieux repartir, mieux avancer. « Voyager, c'est demander d'un coup à la distance ce que le temps ne pourrait nous donner que peu à peu », d'après Paul Morand. On voit plus grand en voyageant. L'appel du voyage est sans fin, proche ou lointain, et il n'a pas de frontières, pour notre plus grand bien.

Le voyage en solitaire n'est-il pas la consécration du voyage ? Le voyage ultime ? Si certains y voient une version égoïste du voyage, d'autres n'osent même pas partir seuls. J'ai rencontré bon nombre de voyageurs qui ne supportaient pas de partir, voire de manger solo au resto, et qui craignaient aussi pour leur sécurité. De n'avoir plus que soi pour compagnon de voyage. Par crainte de s'affronter ? De ne pouvoir se supporter davantage ? Peut-être. Pourtant, voyager seul vous donne le contrôle total de votre itinéraire, de vos décisions et de votre emploi du temps. Vous pouvez explorer à votre propre rythme et changer vos plans à tout moment sans avoir à consulter quelqu'un d'autre. Le bonheur ! Manger une omelette au crabe à Bangkok au goûter, errer aux aurores entre les cheminées de pierres de Bryce Canyon dans les parcs nationaux américains, se prendre pour un surfeur dans les dunes de sable de Carrapateira au Portugal… Personne ne m'a vu ! Personne pour me juger ! De cette manière, on se libère d'une contrainte sociale parfois trop lourde à porter. Et pourquoi diantre ne pourrais-je pas tenter le surf à 46 ans (même s'il est plus prudent d'éviter !) ? En solo, on oublie son ego. Cela nécessite aussi de prendre des décisions et de résoudre des problèmes de manière autonome, ce qui renforce la confiance en soi. Chaque réussite personnelle contribue à accroître son estime de soi. Seul en voyage, vous êtes plus flexible, sans contrainte, et avez la liberté de choisir vos activités, de rester plus longtemps dans un endroit qui vous plaît, ou de changer vos plans à la dernière minute. Cela facilite aussi les rencontres spontanées avec d'autres voyageurs et les locaux. Vous êtes plus susceptible d'engager des conversations et de créer des liens avec de nouvelles personnes lorsque vous n'avez pas la sécurité d'un compagnon de voyage. Le temps passé seul pendant le voyage offre aussi l'occasion de réfléchir sur sa vie, ses objectifs et ses aspirations. Cela peut conduire à une meilleure compréhension de soi et à des changements positifs dans votre vie.

Seul ou à plusieurs, l'ailleurs, c'est aussi cet appel aux « voyages immobiles » que sont les livres, l'écriture, la musique ou la poésie. Amusant de voir ce renouveau de la poésie dans les rayons des librairies. Des maisons d'édition de poésie voient le jour et même l'actrice Sophie Marceau publie son premier recueil mêlant histoires et poèmes dans *La Souterraine* (Éditions Seghers, 2023). Ce genre littéraire a d'ailleurs droit de cité sur les ondes nationales de France Inter ou de France Culture. Lire un poème, c'est entrer dans un univers, se perdre au cœur de tout un monde. On ne lit pas Charles Baudelaire comme Yves Bonnefoy, Richard Brautigan ou Jean Racine. Dès l'école, on apprend quelques poésies qui restent en tête. Quelle belle idée ! Ces vers qu'on porte à jamais en bandoulière demeurent comme autant de passeports pour l'ailleurs. « Je le vis, je rougis, je pâlis à sa vue. » Je vois, j'entends, je peux presque toucher Phèdre évoquer, me murmurer son amour dévorant pour son beau-fils Hippolyte dans cette palette de couleurs paradoxales. Comme une prière, les poèmes invitent à la rêverie facilement. Avec *Phèdre*, nous sommes transportés en Grèce, dans ces îles chantées par Homère autrefois. L'amour divin, la mythologie : « Ariane, ma sœur, de quel amour blessée, Vous mourûtes aux bords où vous fûtes laissée ! » Ces mots convoquent immédiatement des paysages, des odeurs, des senteurs malgré la tragédie amoureuse qui se joue sous nos yeux. Car c'est cela aussi l'appel du voyage. Sentir, sentir, et encore sentir. Tous nos pores, tous nos sens sont prêts à prendre le premier bateau pour « Fuir, là-bas fuir » ! On y revient. Idem avec ces vers de Guillaume Apollinaire : « Que tombent ces vagues de briques, si tu ne fus pas bien aimée, je suis le souverain d'Égypte, sa seule épouse, son armée, si tu n'es pas l'amour unique. » Aller-retour direct pour les plaines fertiles du Nil sans passer par la case départ ! Il n'empêche, voyager par ce biais n'a jamais coûté si peu cher, grâce à la poésie.

Un bienfait qui passe aussi par le livre. Rappelons-nous cette question de Gottfried Benn : « Qu'est-ce qu'un livre qui ne peut nous emporter au-delà de tous les livres ? » Mais un livre, bien sûr ! Un voyage encore plus riche, où l'on saute à pieds joints entre les époques, les paysages encore, on y chausse des bottes de sept lieues imaginaires pour des voyages sensationnels. On n'a encore rien inventé de plus fou, de plus grandiose. Un seul de ces parallélépipèdes de papier fait bien mieux que SpaceX, Virgin Galactic ou Blue Origin réunis ! Le livre est l'évasion ultime, la détente, mais aussi la sortie totale de notre être, tout cela à portée de main. Avec un simple stylo et une feuille de papier, il est possible de créer un monde et de s'y plonger. Mieux : d'y partir à plusieurs.

Une œuvre musicale agit de la même manière. Les milliers de personnes qui chantent à l'unisson, en communion, dans les stades du monde entier pour accompagner leurs idoles pop, rock ou autres, mais aussi les férus de musique classique quand ils se réunissent dans l'univers feutré des salles de concerts, éprouvent la même sensation, ce même « transport ». Le temps d'une chanson ou d'un morceau, notre esprit part ailleurs, s'évade. La musique nous berce comme le doux vrombissement du train ou du bateau, elle nous mène par le bout du nez, on se laisse aller, mais où ? Cette douce torpeur qui nous saisit, ce vertige est identique à celui du voyage « physique », à l'arrivée dans un pays inconnu. Où m'emmène Frédéric Chopin dans ce scherzo N°1, Op. 20 qui me donne la chair de poule à chaque fois lorsque les notes restent comme en suspens dans l'atmosphère (et moi avec) ? Pourquoi j'aime prendre le chemin tortueux de Rachmaninov dans son Concerto pour piano n°2 en C mineur, Op. 18 ? Je ressens la même incompréhension vertigineuse que lors de mon premier séjour en Asie. On s'abandonne aux notes, aux sons, aux mélopées qui virevoltent. Tout comme la bande-son imaginée par David Kadouch dans *Les Musiques de Madame Bovary*. Quel plaisir ! On déconnecte, on flotte.

Le cinéma permet aussi ce voyage dynamique : défier le temps, voguer d'époque en époque sans se préoccuper ni du décalage horaire ni des effets secondaires ! Dans *Retour vers le futur*, le jeune héros interprété par Michael J. Fox voyage accidentellement dans le temps à l'aide d'une voiture modifiée par le Doc, un scientifique excentrique, tout cela pour s'assurer que ses parents se rencontrent pour garantir son existence future. À l'inverse, dans *Les Visiteurs*, Jean Reno et Christian Clavier atterrissent par erreur dans nos vies en provenance directe du Moyen Âge avec tous les quiproquos liés au décalage. Cette mise à distance nous enrichit et offre une perspective nouvelle, mais aussi un bienfait physique et mental. Jérémy Grasset, agent de voyages en Inde et en Asie, a créé avec d'autres associés Teleport IN (teleportin.com), une société d'images en réalité virtuelle, diffusées par le biais d'un casque, permettant aux personnes notamment en EHPAD de découvrir ou redécouvrir des sites sublimes dans le monde entier. L'impact de ces images venues d'ailleurs, si vivantes, si réalistes, ont permis à de nombreuses personnes à mobilité réduite de reprendre une vie sociale, de diminuer leur stress et donc de connaître une certaine joie de vivre. L'ailleurs, même virtuel, par l'image et le numérique, apporte concrètement satisfaction.

Comme une peinture. On se laisse happer par un tableau, une nature morte de Paul Cézanne, le Maroc lumineux d'Henri Matisse, les installations ingénieuses et décalées de Sophie Calle, l'Amérique fantasmée de Edward Hopper ou les portraits sombres, denses, cachés d'Eugène Leroy. Devant les toiles de ce dernier, un double mouvement : on voit l'ensemble, assez opaque. Puis on recule, et l'œuvre prend tout son sens avec l'apparition qui d'un nez, d'une bouche, d'un œil. Puis le visage tout entier apparaît. Le mouvement physique du spectateur crée l'œuvre d'art. Le mouvement, ce voyage délicat, est un bonheur simple, sans aucun danger ou presque. Si les idées, si la destination, si les passagers ne nous plaisent pas, on referme le livre, on quitte la salle ou bien on baisse le son, mais pour sûr ces artistes nous emportent au-delà de nous-mêmes le temps d'une lecture, d'une écoute ou d'une exposition. L'art en général nous offre une « invitation au voyage », de l'exotisme presque gratuit, une fugue à la fois simple et complexe.

Ne sommes-nous pas au fond de nous tous artistes ? Enfants, nous dessinons des monstres à foison, des flopées de bateaux et autres princesses. Pourquoi ne pas continuer plus tard ? Lors d'un atelier d'écriture, Marie-Christine Guillon, notre animatrice, déclare un soir à sa dizaine d'élèves dont je suis : « Prenez vos affaires, ce soir, on écrira... dehors... dans le bus ! » Quelques minutes plus tard, nous sommes à bord de la ligne parisienne de bus n° 64, tous assis à différents endroits, à noter et imaginer des histoires à partir d'un des passagers. Nous avons filé jusqu'au terminus, pris le bus dans l'autre sens. Pourquoi pas ? De cette séance de travail, de petits miracles ont surgi. Les plus timides se sont surpris à « voler » des bribes de discussions, les plus téméraires ont osé expliquer leur démarche, poser des questions aux voisins de bus qui se sont alors confiés à eux. Je fus de ceux-là. Une femme d'Haïti m'a raconté sa tristesse de ne pas vivre près de sa mère restée sur place. Mère célibataire, elle enchaînait les ménages, les courses pour un vieux monsieur, et était surprise mais ravie de me livrer ces bribes de vie. Quelle richesse ! En si peu de temps, le temps d'un trajet, d'un simple voyage sur la ligne 64, pour le prix d'un ticket de bus... À son arrêt, je l'ai saluée et lui ai promis de raconter son histoire de la manière la plus simple possible. J'ai intitulé simplement cette nouvelle « La Dame du 64 », l'histoire d'une femme qui apprend la mort de sa mère dans le bus, oublie son arrêt et se confie au chauffeur qui la console au terminus.

Faites l'expérience. Prenez un bus, un tram, un métro, un train peut-être, dans n'importe quelle direction. « Fuir, là-bas fuir », encore, toujours. Et oser vous affranchir, de vous-même, des contraintes, et de toutes les limites. Tout le monde peut créer, trouver l'élan de ce voyage intérieur. Sortez crayons, feutres, clous, vis, que sais-je encore. Encore faut-il s'en donner l'opportunité. Il faut s'autoriser à créer, pas obligatoirement des œuvres monumentales ! Une robe, un cadre en bois, une jardinière... Il s'agit de sortir de sa zone de confort. De s'autoriser à se perdre, et d'oser emprunter ces chemins de traverse. Fuyez, perdez-vous. Il n'y pas d'enjeu, à part la satisfaction de la découverte. Il ne faut pas craindre le regard d'autrui, ni cet élan, ce mouvement, ne pas résister à l'appel de ce voyage créateur. Il faut s'abandonner. Le voyage est lâcher-prise, la création est fugue, fuite, échappée, autant physique qu'intellectuelle. Nécessaire. Constructrice. N'y a-t-il pas une certaine satisfaction au retour d'un voyage, les valises défaites en songeant aux sites visités, ou bien en se postant devant cette robe, ce cadre en bois, cette jardinière créés ? Nous sortons transformés de cette action créatrice. La mise à distance entre soi et soi-même donne de la force, forge une identité, et installe une confiance à jamais rencontrée ailleurs. En s'abandonnant à l'élan vital cher à Henri Bergson, au voyage, à la création, on se découvre plus grand, on se découvre tout simplement plus vivant. Cette force créatrice intérieure anime la vie et notre croissance dans le monde naturel tout en transcendant les lois de la physique. Bergson considérait à juste titre que cet élan vital était à l'origine de l'évolution et de la diversité de nos existences. Alors voyageons, créons, et surtout vivons !

Vade-mecum du voyageur

LIVRES

Marguerite Abouet, Clément Oubrerie, *Aya de Yopongon*, Gallimard Bande Dessinée.

Nicolas Bouvier, *L'Usage du monde*, La Découverte/Poche.

Julien Blanc-Gras, *Touriste*, Le Livre de Poche.

Enid Blyton, *La Famille Tant-Mieux prend des vacances*, Hachette « Bibliothèque rose ».

Jean de Brunhoff, *Le Voyage de Babar*, Hachette Jeunesse.

Bill Bryson, *Promenons-nous dans les bois*, Payot.

Alain Corbin, *Le Territoire du vide. L'occident et le désir de rivage*, Flammarion « Champs histoire ».

Raymond Depardon, *La Solitude heureuse du voyageur*, Seuil « Points ».

Philippe Gloaguen, La collection du *Routard*, Hachette Tourisme.

Rémy Knafou, *Réinventer (vraiment) le tourisme. En finir avec les hypocrisies du tourisme durable*, éditions du Faubourg.

David Le Breton, *Marcher. Éloge des chemins et de la lenteur*, Métailié.

Jack London, *L'Appel de la forêt*, Le Livre de Poche Jeunesse.

Théodore Monod, *Méharées*, Actes Sud.

Montaigne, *Journal de voyage*, Gallimard « Folio ».

Catherine Poulain, *Le Grand Marin*, Seuil « Points ».

Hugo Pratt, *Corto Maltese*, Casterman.

Odette du Puigaudeau, *Pieds nus à travers la Mauritanie*, Phébus.

Jean-Christophe Rufin, *Immortelle Randonnée*, Gallimard « Folio ».

Paolo Rumiz, *Le Phare, voyage immobile*, Hoëbeke.

Antoine de Saint-Exupéry, *Le Petit Prince*, Gallimard « Folio Junior ».

Stendhal, *Voyage en France*, Gallimard « La Pléiade ».

Robert Louis Stevenson, *Voyage avec un âne dans les Cévennes*, Gallimard « Folio ».

Jirō Taniguchi, *L'Homme qui marche*, Casterman « Écritures ».

Sylvain Tesson, *Sur les chemins noirs*, Gallimard « Folio ».

Matthieu Tordeur, *Le Continent blanc*, Pocket.

Jean-Loup Trassard, *Conversations avec le taupier*, Le temps qu'il fait.

Jean-Didier Urbain, *Le Voyage était presque parfait*, Payot.

Jules Verne, *Cinq semaines en ballon*, Le Livre de Poche Jeunesse.

Jean Viard, David Medioni, *L'An zéro du tourisme. Penser l'avenir après la Grande Pandémie,* éditions de l'Aube.

Edith Wharton, *La France en automobile*, Gallimard « Folio ».

FILMS

À bord du Darjeeling Limited, Wes Anderson.

Carnets de voyage, Walter Salles.

Ceux qui m'aiment prendront le train, Patrice Chéreau.

Easy Rider, Dennis Hopper.

Forrest Gump, Robert Zemeckis.

Into the Wild, Sean Penn.

Les Randonneurs, Philippe Harrel.

Paris, Texas, Wim Wenders.

Thelma et Louise, Ridley Scott.

PODCASTS

« Road trip », *Le Routard.*

« La Balado du Pauchon », Hervé Pauchon.

« Bourlinguez ».

« Questions Voyage », *Le Figaro*.
« Je t'emmène en voyage », Alex Vizeo.
« Les Baladeurs », The Others.

Cet ouvrage a été achevé d'imprimer sur Roto-Page
par l'Imprimerie Floch à Mayenne
pour le compte des Éditions Grasset
en avril 2024.

Composition Maury-Imprimeur

PAPIER CERTIFIÉ

Grasset s'engage pour l'environnement en réduisant l'empreinte carbone de ses livres. Celle de cet exemplaire est de :
200 g éq. CO_2
Rendez-vous sur www.grasset-durable.fr

N° d'édition : 23189 – N° d'impression : 104681
Dépôt légal : mai 2024
Imprimé en France